この本の使い方

身近な15cm角の折り紙をベースにして、人気の昔話や動物、行事のキャラクターが作れます。出来上がった作品には、すべて指が入る箇所があり、指人形として使用できます。キャラクター作品は、顔と体で1セットですが、顔だけでも指人形になる優れもの！「昔むかし、あるところに……」と、子どもたちにおはなしをしながら見せるもよし、行事や部屋の飾りつけに使うもよし、たくさんのアレンジが楽しめます。いろいろな場面で使ってください。

※昔話・伝承の設定は諸説あります。

小さいサイズの折り紙の作り方

キャラクターによっては、15cm角の折り紙を切った小さいサイズを使用します。ここでは、その作り方をご説明します。

15cm角の3/4サイズ折り紙 ※本文では3/4サイズとする

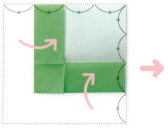 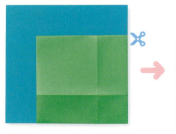 

❶ 15cm角の折り紙を1/4等分折り込み、型を作る
❷ 型に15cm角の折り紙をセットして、型の裏側から切る
❸ 3/4サイズ折り紙の出来上がり

15cm角の7/8サイズ折り紙 ※本文では7/8サイズとする

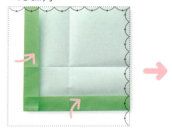 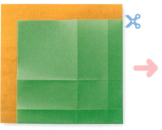 

❶ 15cm角の折り紙を1/8等分折り込み、型を作る
❷ 型に15cm角の折り紙をセットして、型の裏側から切る
❸ 7/8サイズ折り紙の出来上がり

※これらの場合は長さを等分しています。

15cm角の1/16サイズ折り紙 ※本文では1/16サイズとする

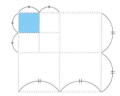

15cm角の1/8サイズ折り紙 ※本文では1/8サイズとする

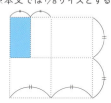

15cm角の1/4サイズ折り紙 ※本文では1/4サイズとする

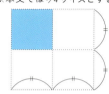

15cm角の1/2サイズ折り紙 ※本文では1/2サイズとする

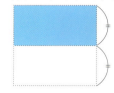

※これらの場合は面積を等分しています。

目次

🍑 昔話・伝承 🍑

P4-5 　　桃太郎〈桃太郎・鬼たち・いぬ・さる・きじ・おじいさん・おばあさん〉

P6-7 　　浦島太郎〈浦島太郎・乙姫(おとひめ)・子どもたち・かめ〉

P8-9 　　一寸法師
〈一寸法師・お椀(わん)・鬼・青年(大きくなった一寸法師)・姫(一寸法師)・打出の小槌(こづち)・姫のアレンジ〉

P10-11 　おむすびころりん
〈良いおじいさん・良いおばあさん・おむすび・ねずみたち・欲張りじいさん・欲張りばあさん〉

P12 　　 金太郎〈金太郎・金太郎の母・くま〉

P13 　　 七夕〈織姫(おりひめ)・彦星(ひこぼし)・星〉

P14-15 　竹取物語〈かぐや姫・月・おじいさん・おばあさん・小さい頃のかぐや姫・竹〉

P16-17 　笠地蔵〈おじいさん・おばあさん・笠(かさ)・ほっかむり・地蔵たち〉

P18-19 　泣いた赤鬼〈赤鬼・青鬼・泣いた赤鬼・村人(男)・村人(女)・女の子・男の子〉

🐻 千金美穂の動物キャラクター 🐻

P20-21 　千金美穂キャラクター①〈うさぎ・くま・うさぎ(冬服)・くま(冬服)〉

P22-23 　千金美穂キャラクター②〈りす・ねずみ・ひよこ・ひよこの帽子〉

📚 行事 📚

P24 　　 ひな祭り〈女雛(めびな)・男雛(おびな)〉

⭐ アレンジ ⭐

P25 　　 ペープサート

P26 　　 吊るし飾り〈ゆらゆらメリー・ガーランド①②〉

P27 　　 コーナー飾り・おたより入れ

P28 　　 ボード飾り〈献立ボード・お知らせボード〉

P29 　　 お誕生表

P30-77 　作り方・折り図記号

P78-79 　鬼型紙・千金美穂キャラクター型紙

桃太郎

桃太郎のベースや、鬼、おじいさん、おばあさんの作り方は、他のおはなしでも使えるので、最初に作ってみるにはぴったりです。他のおはなしのキャラクターも含め、頬を桃色にする場合は、タンポやスポンジブラシを使いましょう。

※作り方は、すべてP30-77に掲載。

桃太郎
作り方… 1 4 5 6 7 8

鬼たち
作り方… 9 10 11 12 13
型紙…P78

いぬ
作り方… 14 15

さる
作り方… 16 17

きじ
作り方… 18 19

おばあさん
作り方… 1 20 21

おじいさん
作り方… 1 2 22

浦島太郎

浦島太郎が持つ、魚篭や釣り竿などの小道具がポイントです。子どもたちの髪色は、フェルトペンで塗って表現します。それぞれの性格を想像しながら、制作を楽しみましょう。

浦島太郎
作り方… 1 2 23 24 25

乙姫（おとひめ）
作り方… 1 26 27 45

子どもたち
作り方… 28 29

一寸法師

一寸法師とお椀(わん)の船はそれぞれ別の作品なので、お椀から一寸法師が取り出せます。お椀だけでも指人形として使用可能です。一寸法師が持つ箸の櫂(かい)と針の刀は、『浦島太郎』の釣り竿と同じ作り方で完成します。

一寸法師
作り方… 1 25 32 33 52

お椀
作り方… 35

鬼
作り方… 9 11 12 13

青年
（大きくなった一寸法師）
作り方… 1 33 34 52

姫
（一寸法師）
作り方… 1 33
46 52

打出の小槌
こっち
作り方… 36

着物に千代紙を使用したバージョン

姫のアレンジ

おむすびころりん

キャラクターはもちろん、おむすびも
指人形として使える作りです。
♪コロコロリンと、歌いながら遊んでください。

おむすび
作り方…37

良いおじいさん
作り方…1 2 6 22

ねずみたち
作り方…38 39

良いおばあさん
作り方… 1 20 21

欲張りじいさん
作り方… 2 40

欲張りばあさん
作り方… 1 3 21

金太郎

前掛けの文字や着物の少し折った裾（すそ）など、細かな部分のあしらいでかわいさアップ！ くまの体には25cm角の折り紙を使用し、ダイナミックな大きさを表現します。

金太郎
作り方… 1 41 42 43

金太郎の母
作り方… 1 44 45 46

バランスをとりながら置くと、金太郎はくまに跨（またが）ります。

くま
作り方… 47 48

※くまは、足を広げると自立します。

七夕

織姫は『浦島太郎』の乙姫と同じ作り方なので、
髪色を変えるなどして変化をつけてあげましょう。
彦星の作り方は、『泣いた赤鬼』でも使用できます。

織姫
作り方… 1 26 27 45

彦星
作り方… 1 2 3 49

星
作り方… 50

竹取物語

月や竹など、キャラクター以外のアイテムも映える物語です。かぐや姫の扇やおばあさんの着物など、ところどころに千代紙を使うと、華やかさがグンと増します。

月
作り方…54

かぐや姫
作り方… 1 33 52
53 72

おじいさん
作り方… 1 2 6 22

おばあさん
作り方… 1 20 21

小さい頃のかぐや姫
作り方… 1 33 51

竹
作り方… 55

竹は入れ子式。

小さい頃のかぐや姫が、すっぽり入ります。

笠地蔵

笠とほっかむりは着け外しができる仕様です。
おじいさんたちの着物の柄や色合いも、
おはなしに合うようアレンジしてみましょう。

おばあさん
作り方… 1 20 21

ほっかむり
作り方… 57

おじいさん
作り方… 1 2

笠
作り方… 57

地蔵たちに、笠と、おじいさんが着けていた手ぬぐいのほっかむりをかぶせます。

地蔵たち
作り方…56

泣いた赤鬼

鬼の作り方は他のおはなしと共通ですが、優しい性格を表現したいので、髪と眉に茶や灰色の折り紙を使用しています。手や首の角度に変化をつけることで、それぞれの特徴を出してみましょう。

青鬼
作り方…9 11 12
型紙…P78

赤鬼
作り方…9 10 12

泣き顔に、首の傾きや手の角度の変化を加えて、赤鬼の悲しみを表現します。

泣いた赤鬼
型紙…P78

村人（男）
作り方… 1 2 58

村人（女）
作り方… 1 2 3

女の子
作り方… 29 59

男の子
作り方… 28 29

千金美穂キャラクター❶

保育雑誌『PriPri(プリプリ)』でおなじみ！
千金美穂さんの動物キャラクターを、指人形にしました。P79にある型紙を使うと、各キャラクターの顔立ちを見本通りに表現できます。

> うさぎとくまの
> 折り方の違いは、
> 耳の形だけ！

> 洋服には、
> 取り外しができる
> 襟もつけられます。

うさぎ
作り方… 61 62 63

くま
作り方… 60 62 63 64

帽子とマフラーで冬支度。靴は、フェルトペンで塗って表現しましょう。

うさぎ（冬服）
作り方… 61 62 63 65 66

マフラーは、左のように丸シールをつけなくてもOK！

くま（冬服）
作り方… 60 62 63 65 66

千金美穂キャラクター ②

りすとねずみの体は、サイズが異なるだけで、
千金美穂キャラクター①のうさぎ・くまと同じ作りです。
このページのキャラクターもP79にある型紙を使えば、
見本通りの顔立ちが表現できます。

りす
作り方… 62 63 64 67

ひよこ
作り方… 68

ねずみ
作り方… 60 62 63 70

ひよこの帽子
作り方… 69

ポイント
ひよこの帽子は、取り外しができる作り！ クラスカラーに合わせて、色を変えてもよいですね。つばの部分を少し立たせると、立体感が出て帽子らしさがアップします。

ひよこの指を入れる箇所は、作品の上部にあります。

ひな祭り

指人形としての使用以外に、壁や窓に貼ることで季節感・行事らしさが出る作品です。ポイントのひとつは、顔にあえて鼻や口をつけないこと。目と頬紅(ほおべに)のみにして、人形らしさを表現しましょう。

女雛(めびな)
作り方… 1 44 71 72

男雛(おびな)
作り方… 1 73 74 75

★ アレンジ ★

ペープサート

おはなしを演じるにあたって、一度にたくさんのキャラクターを登場させたい時にぴったりのアレンジです。

ポイント
指を入れる箇所にストローを差し込み、テープなどで固定します。ストロー以外だと、割り箸を使用しても。キャラクターが揺れにくく、手になじむので持ちやすいです。

★ アレンジ ★

吊るし飾り

優しく揺れるメリーは、乳児の部屋にぴったりの飾りです。ガーランドは、部屋飾りだけでなく、玄関や入り口飾りとして使っても華やかです。

ゆらゆらメリー

ポイント

木製の芯材を、直径およそ21cmになるように2、3重に丸めます。そこに、緩まないように5〜10cmごとに調整しながら糸を巻きつけます（仕上がり感に柔らかさを出すため、作品例ではふわっとした毛糸を使用）。キャラクターは両面どちらからも見えるように、同じものを2つ貼り合わせ、バランスをとるために左右対称に配置していきます。

ガーランド❶

ポイント

キャラクターはクリップで留めると、季節や行事ごとに交換する際に便利です。

ガーランド❷

ポイント

使用する紐にも一工夫。今回使ったような色とりどりの毛糸のほか、麻紐やリボン、レースなどでは、また違った雰囲気が楽しめます。

★ アレンジ ★

コーナー飾り

入れ物に入れて、玄関入り口や部屋の飾りに。キャラクターを入れ物に固定しているわけではないので、子どもたちが自由に手に取って遊べます。

> **ポイント**
> 15cm角の折り紙をくるくる巻いて棒状にし、キャラクターの指を入れる箇所に差し込んで固定します。周りには自立するキャラクターや大きいサイズのキャラクターを配置して、コーナー全体を盛り上げましょう。

おたより入れ

キャラクターの顔を貼るだけで、優しいイメージに。

> **ポイント**
> 文字の周りに配置する模様も折り紙で作ると、雰囲気に統一感が出ます。

★ **アレンジ** ★

ボード飾り

献立ボード

ポイント
目を引くように、ボードの色合いに映えるキャラクターや、色とりどりの文字を配置しましょう。

お知らせボード

ポイント
お知らせボードの文字周りの丸い大小のあしらいは、折り紙を切って作っています。

お誕生表

折り紙だけで作れるお誕生表プラン。おはなしのなかから、各月に合ったキャラクターを選んで飾りましょう。

★ アレンジ ★

ポイント

子どもたちの名前を書くベースは、15cm角の折り紙を2枚重ねて作ります。重ね方だけでなく、大きさや色合いによってもイメージが変わるので、それぞれのクラスに合うようにどんどんアレンジしてください。

作り方

- 各作品の折りはじめは対辺ないし対角で2回折り、十字の折りすじをつけます。※ 5 6 25 32 34 35 46 49 70 は除く。
- 余分に開いてしまう箇所は、糊やテープで留めてください。
- 1つの写真の中で手順が進行する場合には、→線を使用しています。
- 写真は同率縮寸ではなく、一部拡大・縮小しています。
- 仕上げには、切った折り紙やシール（着色含む）、フェルトペンなどを使いましょう。

折り図記号

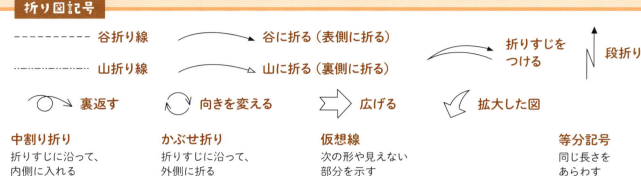

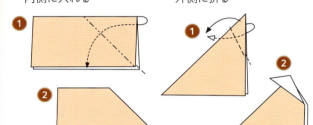

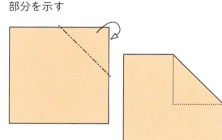

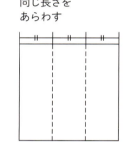

※大小どちらも一緒の折り方の場合、写真内のサイズは大きい折り紙に合わせています。小さい方は、写真と作品を照らし合わせながら折り進めてください。

 顔

※欲張りじいさん・男の子・女の子以外

15cm角（うす橙など）1枚
※一寸法師・小さい頃のかぐや姫：
3/4サイズ（うす橙）1枚

1 対辺同士で折り、十字の折りすじをつける

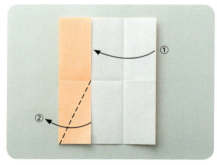

2 ①左右とも中心線に向かって折る ②斜めに折り開く

3 1.5cm折り上げる

4 斜めライン延長線上（★）のところで折る

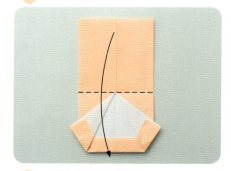

5 折りすじで折る

6 ※欲張りばあさんのみ、このようにあごのラインを作るため、斜めに折る

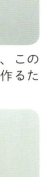

7 中心線に向かって折り、ついてくる部分を三角形につぶす

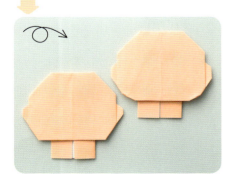

8 耳の角を少し折る

9 出来上がり。右：頬の下を内側に少し折ったもの。※キャラクターによって使い分ける

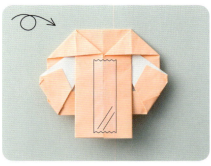

10 後ろにテープを貼り、ここに指を入れる

顔だけの指人形にする場合

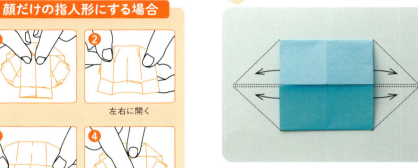

① / ② 左右に開く / ③ 下部を内側に折る / ④ 左右を戻す / ⑤ テープで留める / ⑥ 指を入れる箇所　出来上がり

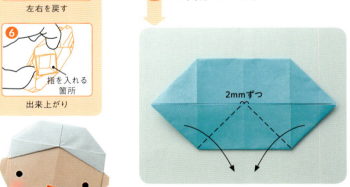

2 体
<おじいさんたち・浦島太郎・彦星・村人(男)(女)>

本体：15cm角（水など）1枚
襟元：1/16サイズ（うす橙）1枚

＜本体＞

1 中心線に向かって左右から折り、その後、上下も中心線まで折る

2 それぞれの内側を引き出し、三角形につぶす

3 中心線から2mmずつあけたところで斜めに折り下げる

4 図のように折る

31

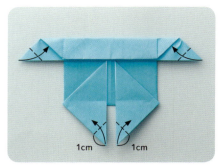
⑤ 手と足の先を折る

⑨ ※脇の下が体のラインと重なるようにすると、手が長めになる

3 頭髪
＜欲張りばあさん・彦星・村人（女）＞

15cm角（黒など）1枚

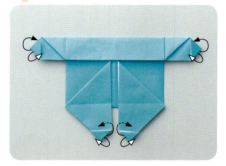
⑥ 折った部分を少し開いて裏返し、内側の面を出す（かぶせ折り）

⑩ 手足をうす橙色に塗る

① 中心線に向かって左右から折り、その後上部だけ中心線まで折る

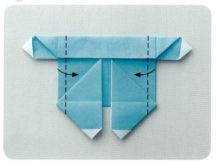
⑦ 7mmずつ内側に折る

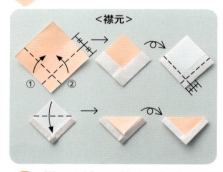
⑪ 襟元を折って貼り、完成

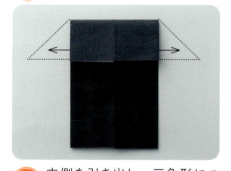
② 内側を引き出し、三角形につぶす

⑧ 斜めに折り広げる

アレンジとして、帯は㊾、ちゃんちゃんこは⑥を参照

③ 斜めに折る

④ 斜めに折る

⑧ この図になったら、裏返す

4

桃太郎の体

15cm角（青）1枚
襟元：1/16サイズ（うす橙）1枚

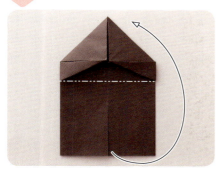
⑤ 飛び出している部分を後ろに折り、間に入れる

⑨ 中心線に向かって左右から折り、ついてくる部分を三角形につぶす

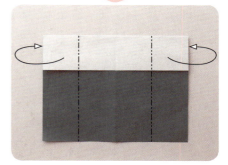
① 上部を中心線まで折り下げ、左右は山折りで中心線まで折る

⑥ 下部を、角と合うように後ろへ折る

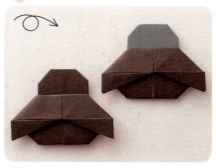
⑩ 角を折る

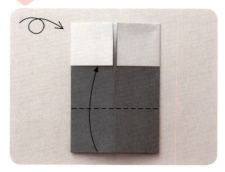
② 上に折る

⑦ 角の半分を折る

⑪ 出来上がり。キャラクターによっては、右のように上部に別色の折り紙を貼る

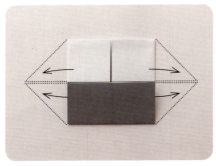

③ それぞれ左右に引き出し、三角形につぶす

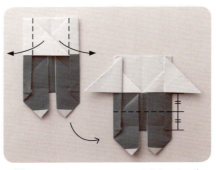

⑦ 手を折り返し、足を折り上げる

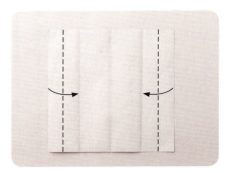

① 四等分の折りすじをつけ、左右を折りすじまで折る

④ 中心線から2mmずつ間をあけて折り下げる

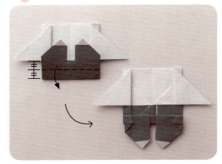

⑧ 折り上げた部分の半分を折り返す

② 左だけもう一度折る。その状態で左右半分に折り、中心線をつけ直す

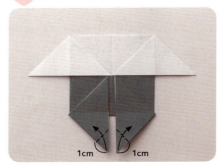

⑤ 足の先を折る

⑨ 手の先もかぶせ折り。裏返し、うす橙色に塗る。❷体の⓫襟元を貼る

③ 上部を三角形に折る

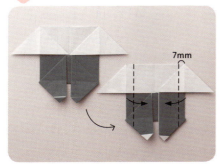

⑥ 折った部分はかぶせ折りにし、左右を7mmずつ折り込む

5 桃太郎の頭髪

15cm角（黒）1枚

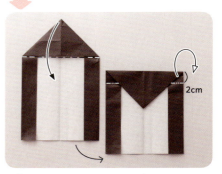

④ 三角形を折り下げ、その後上部から2cmのところで後ろに倒すように折る

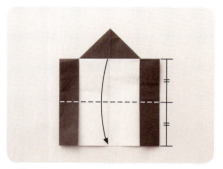

5 白い部分を半分に折る

9 顔に差し込む

3 体の裾(すそ)のラインに合わせて、肩の部分で後ろに折り返す

6 三角形の部分を半分に折り上げる

6 羽織・ちゃんちゃんこ

1/4 サイズ（桃など）1枚

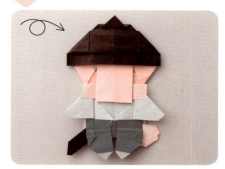

4 あごと首で、体を挟む

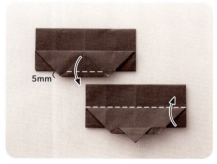

7 5mm残して折り下げ、その後図の谷折り線で折り上げる

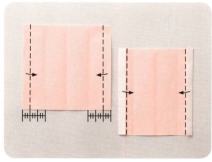

1 四等分した後、三等分して折る。さらに巻くようにもう一度折る
※ちゃんちゃんこは四等分で切る

5 指を入れたところ

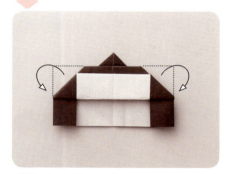

8 角を後ろに折って出来上がり。飾りは後でつける

2 中心線を切って出来上がり

7 刀

1/4サイズ（黒）1枚

1. 中心線まで折り、折りすじをつける。その折りすじまで折り、さらに折り下げる

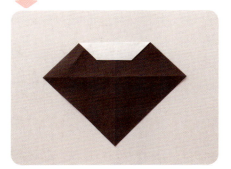

2. この形になったら、裏返して左右を中心まで折る

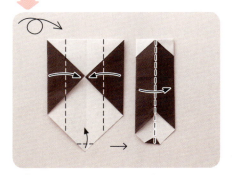

3. さらに折り込み、半分に折る

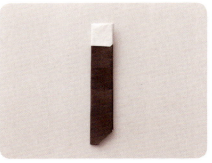

4. 出来上がり。模様は後で描く

8 きび団子入れ

1/16サイズ（黄）1枚

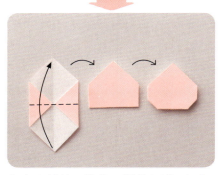

左右を折り、半分に折り上げてから、角を少し折り、中割り折りで内側に折り込む

鼻緒を描く

9 鬼の顔

15cm角（赤または青）1枚

※ ❶から❸の図は 1 顔を使用。

1. 中心線に向かって左右から折る

2. 両側とも折ったら、左右に斜めに折り開く

3. 図のようになる

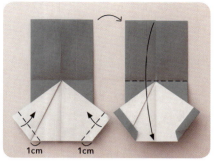

④ 1cmずつ折り、半分に折る

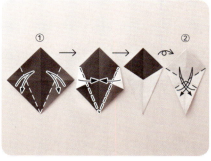

① ①折りすじをつけて戻す
②折りすじをつけて戻す

11 鬼のツノ（2本）

1/4サイズ（黒または灰）1枚

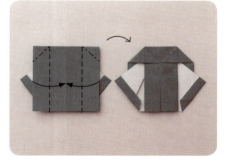

⑤ 中心線まで左右から折り、ついてくる部分を三角形につぶす

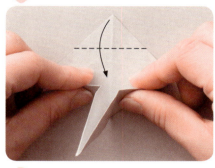

② 折りすじ通り左右から折り上げ、先を摘むように折る

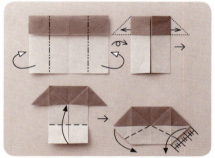

① ④桃太郎の体の❶から❸と同様。その後、下部を図のように折り下げる

⑥ 裏返して、出来上がり

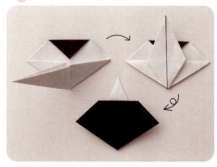

③ 摘んだ部分を立てて、上に折り上げる

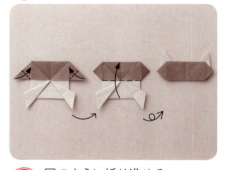

② 図のように折り進める

10 鬼のツノ（1本）

1/4サイズ（黒または灰）1枚

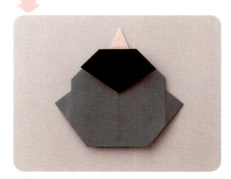

④ ツノを黄色に塗って、顔に貼る

③ ツノを黄色に塗って、顔に貼る

12 鬼の体

15cm角（赤または青）1枚
パンツ：1/8サイズ（黄）1枚

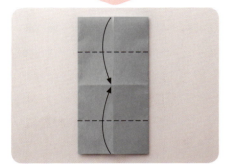

① 図のように折る

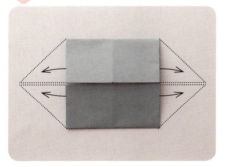

② それぞれの内側を引き出し、三角形につぶす

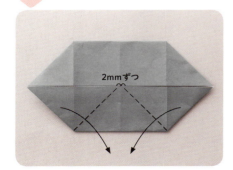

③ 中心線から2mmずつあけたところで、斜めに折り下げる

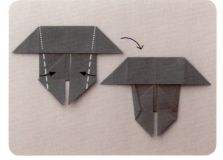

④ 図のように折り進める

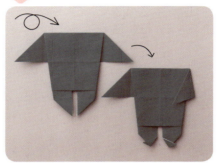

⑤ 手の先は中割り折り、足は谷折り

⑥ パンツには、1/8サイズを細長く半分に折ったもの（模様を描いた黄）を使用

表情はP78の型紙を使いましょう

13 金棒

1/2サイズ（灰）1枚

① 折りすじをつける

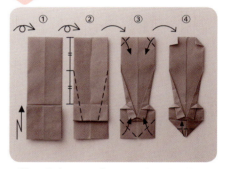

② ①裏返して❶の★を中心線に合わせる ②斜めに細く折り、ついてくる部分を三角形につぶす ③④角を折る

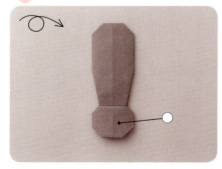

③ 出来上がり。最後に丸いシール（白・15mm）を貼る

14 いぬの顔

15cm角（白）1枚

※ ❶から❷の図は ❸ 頭髪を使用。

❶ 中心線に向かって左右から折り、その後、上部だけ中心線まで折る

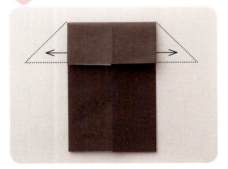

❷ 内側を引き出し、三角形につぶす

❸ 折りすじをつけて戻す

❹ 折りすじを摘み、中心線に合わせるようにして、段折り

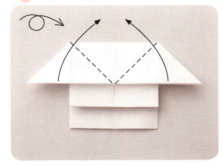

❺ 図のように折る

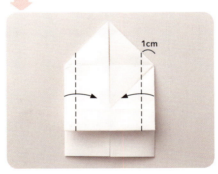

❻ 1cm幅で内側に折り、ついてくる部分を、斜め三角形につぶす

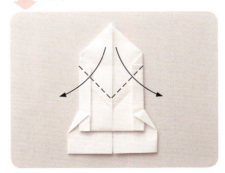

❼ 左右に折り広げる

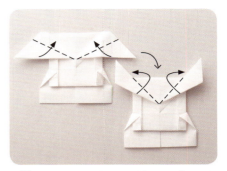

❽ 谷折りに折った後、三角形を倒すように内側に折る

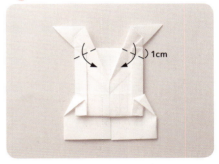

❾ 耳を斜めに折り下げる

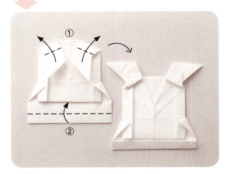

❿ ①耳の先を折り戻す
②半分に折る

⓫ ❿の②で折った部分を内側に折り込み、角を三角形に折って下に挟み込む

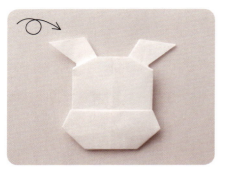

⑫ 出来上がり

❸ 図のように折る

❼ 図のように折る

15 いぬの体

15cm角（白）1枚

※❶から❷の図は❸頭髪を使用。

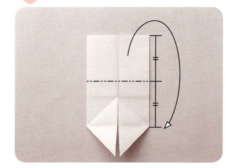

❹ 上部を半分に折る

❽ 角を折り、左だけ折り上げる

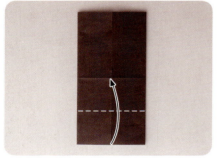

❶ 中心線に向かって左右から折り、その後、下部だけ中心線まで折る

❺ ついている斜めの折り線まで折る

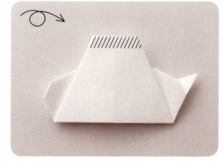

❾ 斜線部分に糊をつけ、顔の下のところに差し込んで貼る

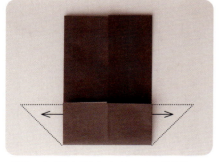

❷ 内側を引き出し、三角形につぶす

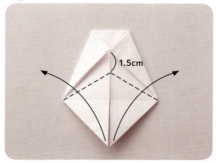

❻ 図のように折る

後ろ側には糊はつけず指を入れるところになります

16 さるの顔

15cm角（茶×ベージュの両面）1枚

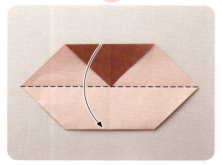

① 対角線で十字に折り、中心線に向かって前後に折る。その後、半分に折る

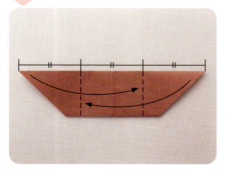

② 三等分で折る

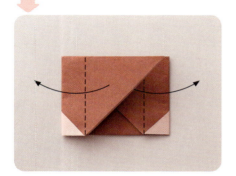

③ 左右に折り開く

④ 折ったところを一旦戻し、角を折る

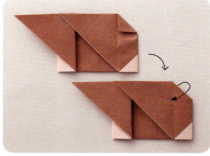

⑤ ④で折った角を中割り折りで内側に折り込む。反対側も同様

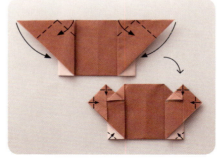

⑥ ④のように戻し、両角を折る。さらに耳の角、頬も折る

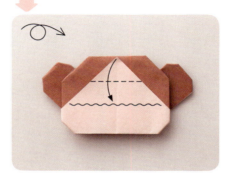

⑦ 図のように手前の紙を〜〜〜線の位置まで折る

⑧ 出来上がり

17 さるの体

ベース：15cm角（茶×ベージュの両面）1枚
おなか：1/16サイズ（ベージュ）1枚
しっぽ：1/8サイズの半分（茶）1枚

※❶から❷の図は2体を使用。

① 中心線に向かって左右から折り、その後上下も中心線まで折る

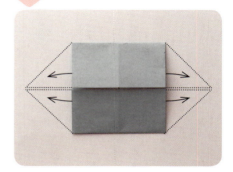

② それぞれの内側を引き出し、三角形につぶす

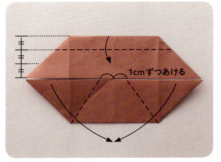

③ 上部は三等分、下部は中心から1cmずつあけて斜めに折り下げる

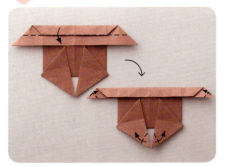

④ 上部をさらに折り、手足の先を折る

⑤ 折った手足の先をかぶせ折りにして、裏面を出す。足は、先を摘んで少し引き出す

⑥ 体の幅を1cmずつ折り込み、肩のところで手を斜めに折り広げる

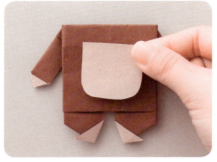

⑦ おなか用の折り紙を図のように切り、貼る

⑧ しっぽは折った後、背側に貼る

⑨ 顔の後ろから指を入れるため、体の前方（あごの下になる部分）に糊をつけ、顔を差し込んで貼る

出来上がり！

18 きじの顔

ベース：3/4サイズ（青）1枚
3/4サイズの横半分（赤）1枚

① ベースの裏側に対して、赤を中心に合わせて貼る

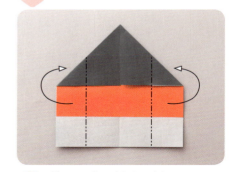

② 後ろの中心線まで折る

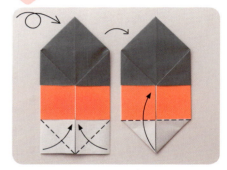

③ 図のように折る

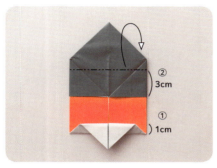

4 ①1cm残して折り下げる
②3cm残して後ろへ折る

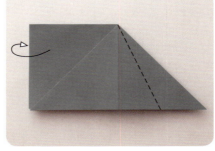

<ベース>

1 半分に折り、さらに半分に折る。手前の1枚を三角形に広げる

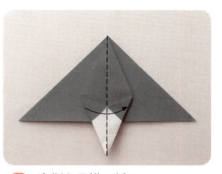

5 裏側も同様に折る

5 4つの角を1cmずつ後ろへ折る

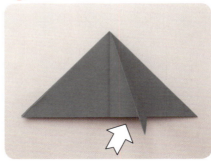

2 後ろも❶と同様にし、三角形の角の1枚を中心線まで折り、折りすじをつける

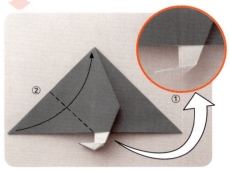

6 ①足先を、一度三角形に折り、かぶせ折りをする ※裏側も同様
②斜めに折り上げる

6 くちばしを黄色に塗って出来上がり

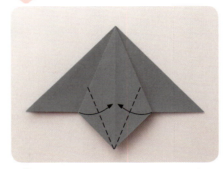

3 折った三角形を広げて、中心線に合わせてつぶす。裏側も同様に折る

7 ❻の②で折った部分を中割り折り

19

きじの体

ベース：15cm角（緑）1枚
羽：1/4サイズ（ベージュ）1枚
尾羽：1/4サイズ（灰）1枚

4 中心線に合わせて折る。裏側も同様に折る

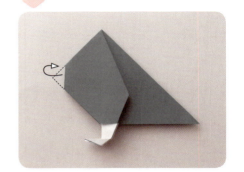

8 角を後ろへ折る

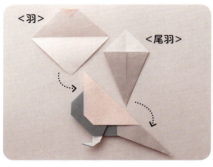

9 それぞれを体にかぶせるように貼る。足は黄色に塗って、出来上がり

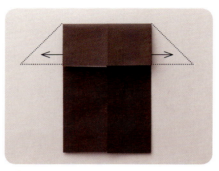

2 内側を引き出し、三角形につぶす

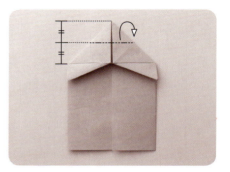

6 上部を半分に折る

20 おばあさんの頭髪

15cm角（白または灰）1枚

※ ❶から❺の図は ❸頭髪を使用。

3 斜めに折る

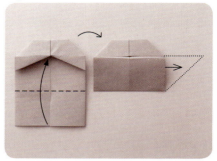

7 図のように折り上げ、右側だけ内側を引き出し三角形につぶす

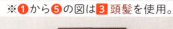

4 斜めに折る

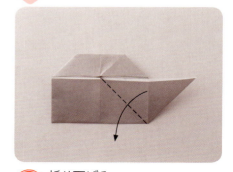

8 折り下げる

1 中心線に向かって左右から折り、その後、上部だけ中心線まで折る

5 飛び出している部分を折り、間に入れる

9 折り上げる

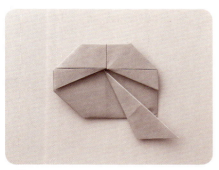

❿ 出来上がり

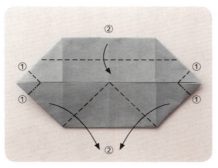

❸ ①折りすじをつける
②折り下げる

❼ ❷体の⓫襟元を貼り、手足をうす橙色に塗る。❽の前掛けをつけて、出来上がり

21 体
<おばあさんたち>

ベース：15cm角（エンジなど）1枚
前掛け：1/4サイズ（うす紫など）1枚
襟元：1/16サイズ（うす橙）1枚

※❶から❸の図は❷体を使用。

❹ 手と足の先はかぶせ折りにして、左右は7mmずつ内側へ折る

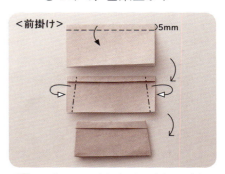

❽ 1/4サイズを半分に折り、輪の方を5mm折り、体に合わせて後ろに折る

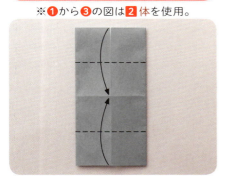

❶ 中心線に向かって左右から折り、その後、上下も中心線まで折る

❺ ①腕を折り広げる
②足のつけ根から7mm上で折り上げる

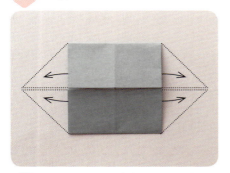

❷ それぞれの内側を引き出し、三角形につぶす

❻ 足のつけ根のラインで折り下げる

22 おじいさんの頭巾と眉

15cm角（エンジなど）1枚

④ 三角形を倒すように内側に折る

⑧ 出来上がり。眉の色はキャラクターに合わせて塗る

23 浦島太郎の頭髪

15cm角（黒）1枚

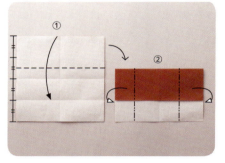
① ①1/4の折りすじに合わせるように折る ②後ろへ折り、中心線で合わせる

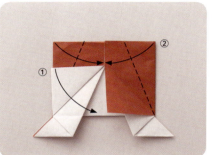
⑤ ①めくれている三角形の部分をかぶせる ②斜めに折る

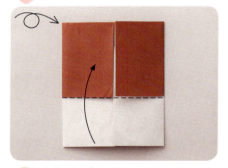
② 折り上げる

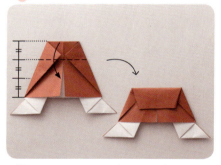
⑥ 図のように、折り下げる

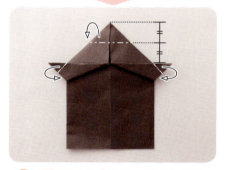
① ③頭髪の④より。後ろに折る

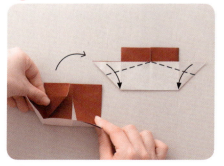
③ 内側を引き出し、三角形につぶして折り、角を折り下げる

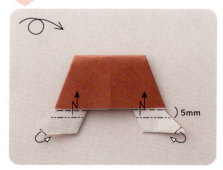
⑦ 折り上げて5mm折り戻し、角を後ろへ折る（ここが眉になる）

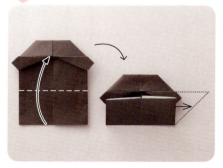
② 四角い部分を半分に折り上げ、右側だけ内側を引き出して三角形につぶす

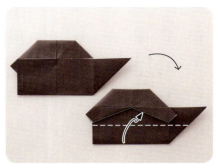

③ かぶさっている部分を前髪の下に入れ、半分に折る

<腰蓑>

4回折り込んで細長くし、下を斜めに切って開く。両端に糊をつけ、体に貼る

糸をつけると釣り竿らしくなるよ！

④ 前髪の下を、斜め後ろに折り上げる

<魚籠>

5mm

段折りをしてから中心線に向かって斜めに折り、ついてくる部分を三角形につぶし、角を折る

26 頭髪
<乙姫・織姫>

15cm角（黒）1枚

⑤ 出来上がり

25 浦島太郎の釣り竿・一寸法師の箸の櫂と針の刀

釣り竿・箸：1/2 サイズの縦半分（茶など）1枚
針の刀：1/8 サイズの縦半分（銀）1枚

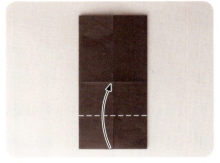

① 中心線に向かって左右から折り、その後、下部だけ中心線まで折る

24 腰蓑（こしみの）と魚籠

腰蓑：1/8 サイズ（黄土）1枚
魚籠：1/16 サイズ（灰）1枚

細長く斜めに折ってから、中心線まで折り、さらに半分に折る

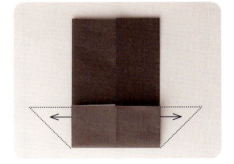

② 内側を引き出し、三角形につぶす

③ 後ろに半分に折る

⑦ 角をそれぞれ折り、飛び出している三角形を後ろへ折って、間に入れる

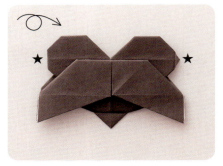

⑪ ★の角を後ろへ折って出来上がり

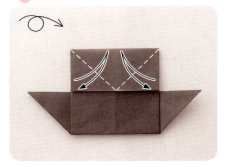

④ 折りすじをつけて戻す

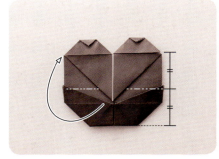

⑧ 後ろへ半分折り上げる

27
羽衣つき衣装
<乙姫・織姫>

15㎝角（桃または白）1枚

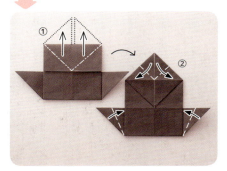

⑤ ①上に引き上げながら三角形につぶす ②4か所折る

⑨ 図のようになる

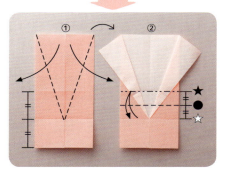

① ①斜めに開くように折る
② ★と☆が合わさるように折り、折りすじをつける

⑥ 中心線に向かって折る

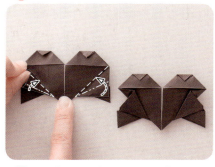

⑩ 三角形の部分を引き寄せるように内側へ折り込む

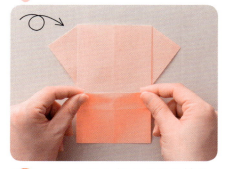

② つけた●の折りすじを摘み、★の折りすじで折り上げる

③ 角を折って戻す

⑥ 羽衣は、顔と首の間に挟み、指を入れるところが外側に出るようにする

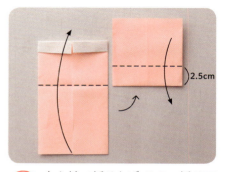

③ 中心線で折り上げ、2.5cm折り下げる

④ ①角の位置で斜め内側に折り、ついてくる部分を三角形につぶす ②★の角を内側に折る

28 男の子の顔

15cm角（うす橙など）1枚

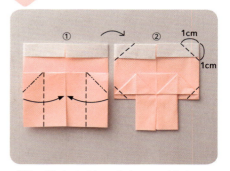

④ ①中心線に向かって折り、ついてくる部分を三角形につぶす ②角を1cmずつ折る

⑤ 出来上がり

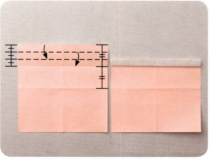

① 折りすじまで三等分して2回折る

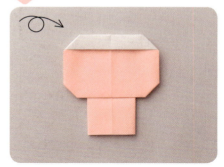

⑤ 出来上がり。髪色は塗るか、別色の折り紙を貼る

㊺ 着物<上>を合わせる

丸いシール（白・15mm）

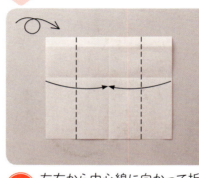

② 左右から中心線に向かって折る

29 体
<男の子・女の子>

ベース：15cm角（好きな色）1枚
帯・棒：1/4サイズを長さ1cmで切る
（好きな色）1枚

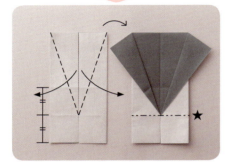

1 斜めに開くように折る

2 ❶の★を摘んで中心線に合わせるように山折り。その後、折れている部分を上に伸ばす

3 中心線に向かって折り、ついてくる部分を三角形につぶす

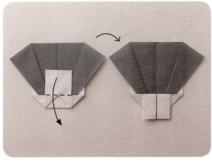

4 折り下げて裏返す

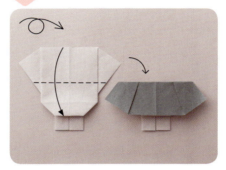

5 折り下げる

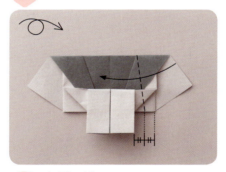

6 内側に折る

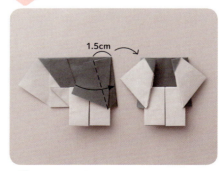

7 外側に折る。※左側も同様

棒：縦半分に細長く折る

8 足をうす橙色に塗る。帯は、着物の幅に合わせて後ろに折り込んで貼る

30 かめの顔

15cm角（うす黄土）1枚

1 中心に向かって4つの角を折り、斜めに三角形に折る

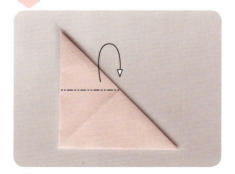

2 図のように折る

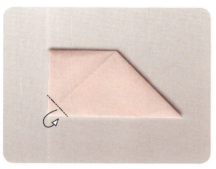

3 左下の角を後ろに折る

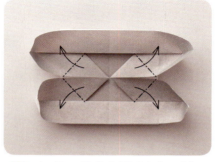

2 矢印の部分を開くように折り、❸に続くように、ついてくる部分をつぶす

6 出来上がり

4 出来上がり

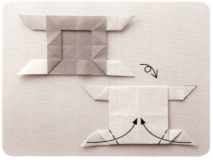

3 裏返し、図のように折る

31 かめの体

25cm角（深緑）1枚
※ 25cm角前後のサイズであれば可

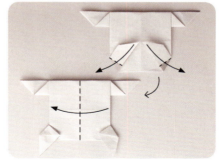

4 図のように折る

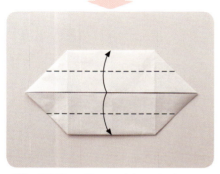

1 ❷体の❷より（裏面を表として折りはじめる）

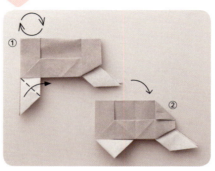

5 ①図のように折り、反対側の足も折る ②折りすじをつけ、中割り折り

32 一寸法師の袴

1/2 サイズ（青）1枚

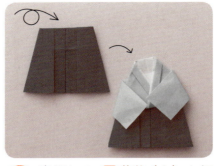

④ 裏返して、52 着物〈上〉と組み合わせる

③ 小さい頃のかぐや姫：左右いっぱい斜めに広げ折り、左右を谷折り

① 34 青年の袴の①から③と同様に折り、裏返す

33 頭髪

＜小さい頃のかぐや姫・かぐや姫・一寸法師・青年（大きくなった一寸法師）・姫（一寸法師）＞

小さい頃のかぐや姫・一寸法師：
3/4 サイズ（黒）1枚
その他：15cm角（黒）1枚
後ろ髪：1/4 サイズ（黒）1枚

④ 図のようになる

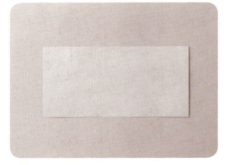

② 中心線を軽くつけて戻し、その印まで折る

① 3 頭髪の②を裏返し、④まで折る。図のように前髪を斜めに折る

⑤ 小さい頃のかぐや姫の頭髪

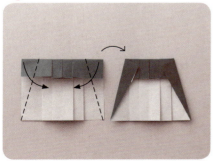

③ 斜めに折る

② 上部を半分に折る。姫たちは前髪の中心を折り、その他は折らずに⑦へ

⑥ その他の姫は③の折りを左だけして、右下の角を谷折りして裏返す。（⑩や⑫に続く）

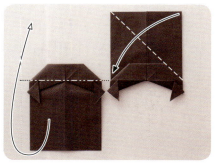

⑦ 一寸法師と青年は、❷の前髪の中心を内側に折らず、図のように下部を後ろに折り上げ、その後、三角形に折る

⑧ 三角形を半分に折る

⑨ 一寸法師と青年（大きくなった一寸法師）の頭髪

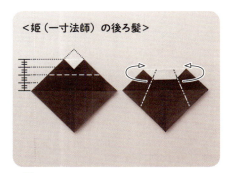

<姫（一寸法師）の後ろ髪>

⑩ 四等分して2回折る

⑪ 図のように折り、結び目に色を塗って、出来上がり

<かぐや姫の後ろ髪>

⑫ 図のように折り、作品全体のバランスを見て、貼る

34
青年
（大きくなった一寸法師）
の袴

15cm角（青）1枚

① はじめに四等分してから、中の2幅を等分する

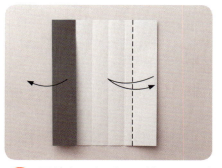

② 両端をそれぞれの端から2番目の線に合わせて折り、戻す

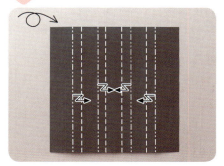

③ 中心に向かって、図のように折りすじを外側から摘んで寄せる

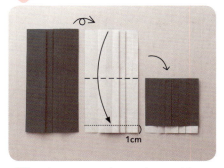

④ 裏返し、下を1cmあけて折り下げる

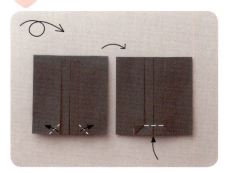

⑤ 角を2か所折り、矢印の中心をめくるように押し上げる

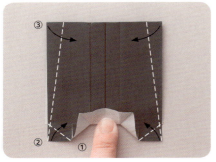

6 ①角を整えながらつぶし開く
②その後左右の角を折り
③左右の横を細長く斜めに折る

7 図のようになる

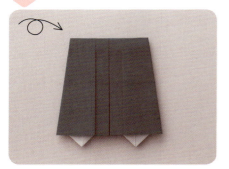

8 出来上がり

52 着物〈上〉と組み合わせる

35 お椀

15cm角（黒）1枚

1 三等分に折りすじをつけ、図のようにつぶし折る

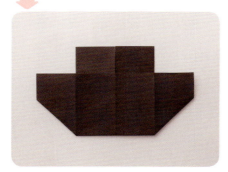

2 図のようになる

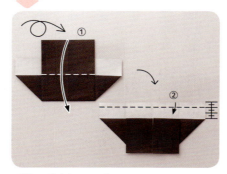

3 ①折り下げる
②三等分で折る

4 左右を折る

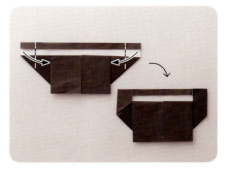

5 出来上がり

36 打出の小槌

3/4サイズ（黄土）1枚

1 中心線まで左右から折り、上部を三角形に折ってから、半分に折り上げる

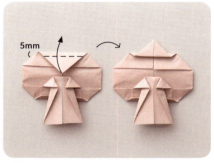

5 5mm残して折り上げる

2 中心線まで折って戻す

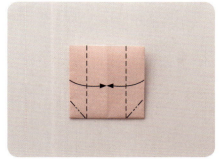

2 中心線に向かって左右から折り、ついてくる部分を三角形につぶす

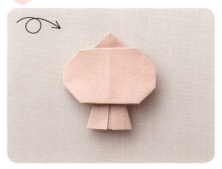

6 出来上がり

3 つけた折りすじまで折る

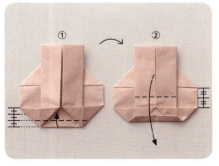

3 ①三等分して折り上げる ②折り下げる

37
おむすび

15cm角（黒）1枚

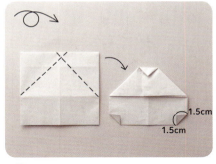

4 上部を三角形に折り、おむすびの角を1.5cmずつ折り込む

4 中心線に向かって斜めに折り、ついてくる部分を三角形につぶす

1 中心線までの間を三等分して、左右から折る

5 出来上がり

38 ねずみの顔

15cm角（水）1枚

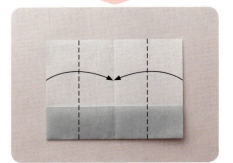

1 下部を1/4折った状態で、左右から中心線に向かって折る

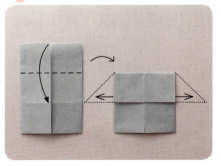

2 上部を折る。内側を引き出し、三角形につぶす

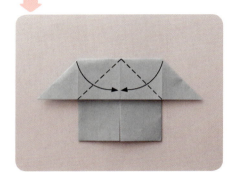

3 斜めに折る

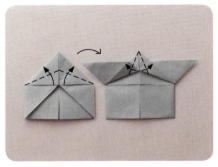

4 端のラインに合わせるように、折り上げる

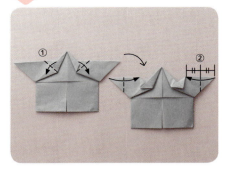

5 ①折った三角形を引き出すように折る
②耳を半分に折る

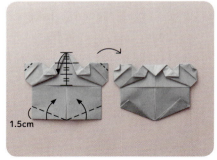

6 図のように折り、あごに折りすじをつける

7 あごを中割り折りにして、左右は斜めに折る

8 テープで留める

9 出来上がり

39 ねずみの体

体：15cm角（水）1枚
しっぽ：1/8サイズの縦半分（水）1枚

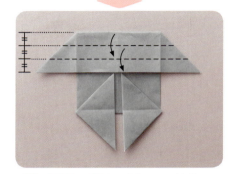

1 2体の3まで折る。三等分で2回折る

40 欲張りじいさんの顔

15cm角（ベージュ）1枚

① 中心線に向かって折る

※図は **2**体の**①**を使用。

② 斜めに折り開く

※図は **1**顔の**③**を使用。

③ ①・②の順で、7mm幅で折る

② 手と同じ幅で内側に折る

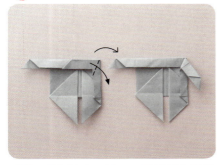

③ 手を斜めに折る。反対側も同様

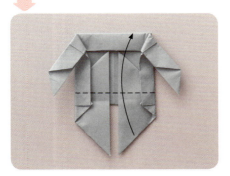

④ 足先を上部に合わせるように、折り上げる

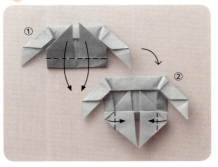

⑤ ①足のつけ根から折る
②内側へ折り、ついてくる部分を三角形につぶす

⑥ 手足の先を折る

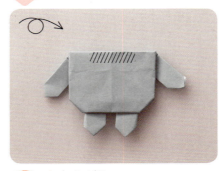

⑦ 出来上がり

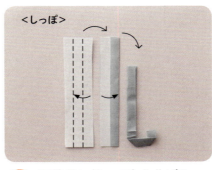

＜しっぽ＞

⑧ 三等分に折って先を曲げる

顔の後ろから指を入れるため、⑦の斜線部分に糊をつけ、顔を差し込んで貼る

4 中心線で折り下げる

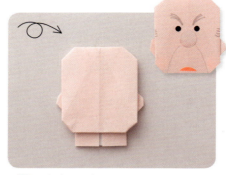
8 出来上がり

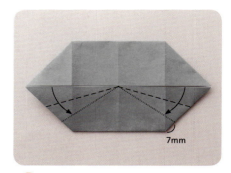
3 角から7mm間をあけた位置まで折る

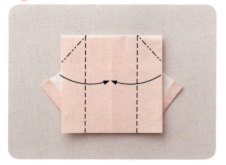
5 中心線まで折り、ついてくる部分を三角形につぶす

41 金太郎の体と腹掛け

体：15cm角（うす橙）1枚
腹掛け：1/4サイズ（赤）1枚

※❶から❸の図は 2 体を使用。

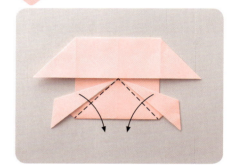
4 角の部分で折る

6 首の後ろのラインに合わせるように折る

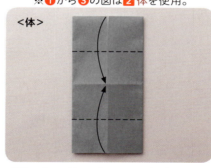
1 中心線に向かって左右から折り、その後上下も中心線まで折る

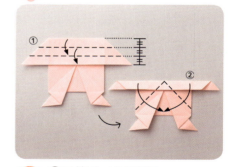
5 ①三等分で2回折る
②中心線に合わせるように、折る

7 耳を折り、頬と耳の角は少し折る

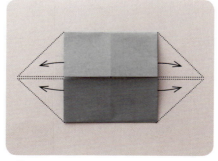
2 それぞれの内側を引き出し、三角形につぶす

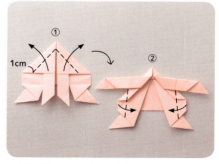
6 ①1cmの幅で折る
②脇の下と足のつけ根のラインで、内側へ折る

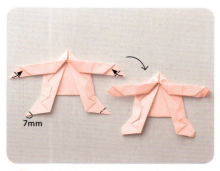

⑦ 手先は三角形に折り、足先は7mm中割り折り

① 中心まで1か所三角形に折り、さらに半分に折る

うす水色に塗る

⑤ 出来上がり

⑧ 出来上がり

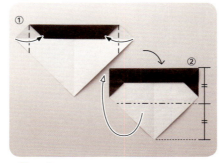

② ①角を折る
②後ろへ半分に折り上げる

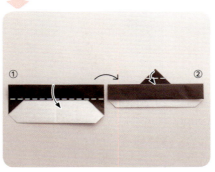

③ ①中心線で折る
②出ている三角形を半分に折る

⑨ 図のように折り、上部は黒く塗る。「金」の文字は黄色で書く。最後に体に貼る

42 金太郎の頭髪

15cm角（黒）1枚

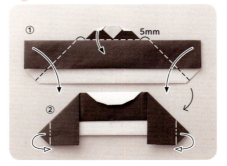

④ ①三角形の角を少し折った後折り下げ、図のように5mmあけたところから左右を折り下げる ②角を後ろへ折る

43

鉞(まさかり)

柄：1/4サイズ（茶）1枚
刃：1/4サイズ（黒）1枚

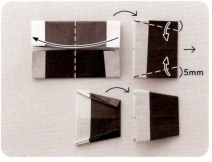
④ 図のように折る。5mmあけて折った部分は、中割り折り

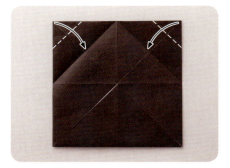
② 折りすじに向かって折る

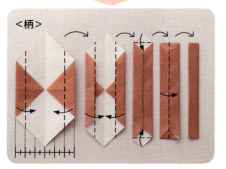
① 図のように折り進める

⑤ 柄を間に差して糊づけする

③ 図のように左右の両端を少し折り、①の折りすじで折る

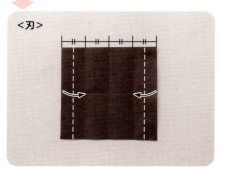
② 折りすじまで折る

44

頭髪
<金太郎の母・女雛>

15cm角（黒）1枚

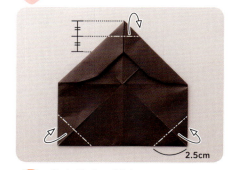
④ 角を後ろへ折る

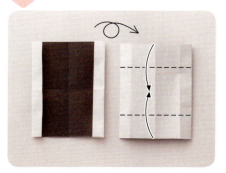
③ 裏返して、中心線まで折る

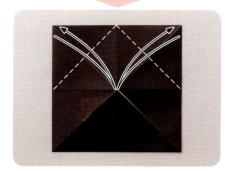
① 4つの角を中心に向かって折り、出来た上部2つの角を折り戻す

⑤ 出来上がり

45 着物＜上＞
＜乙姫・金太郎の母・織姫＞

15cm角（好きな色）1枚

④ 出来上がり

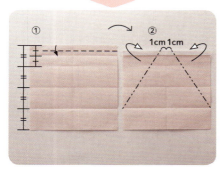

① ①等分して細長く折る
②中心線から1cmずつあけたところから斜めに折る

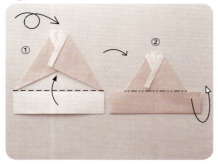

② ①裏返して、左前になるように合わせ、折りすじのところで折り上げる ②後ろへ折り上げる

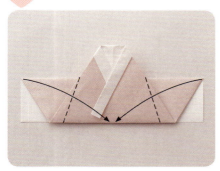

③ 袖の先を合わせるように折る

46 着物＜下＞
＜姫（一寸法師）・金太郎の母＞

1/2サイズ（上に合う色）1枚

中心線まで左側を折り、右側は左側の上に2cm重ねて折る。動きを出すため、裾を少し折る

47 くまの顔

15cm角（茶）1枚

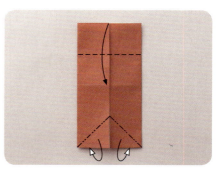

① 図のように折る

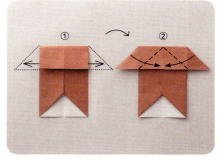

② ①内側を引き出し、三角形につぶす
②斜めに折る

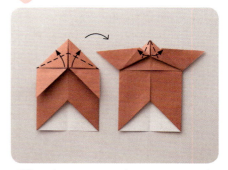

③ 端のラインに合わせるように折り上げる

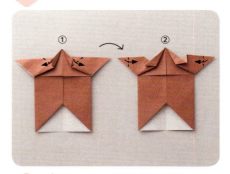

④ ①折った三角形を引き出すように折る
②耳を半分に折る

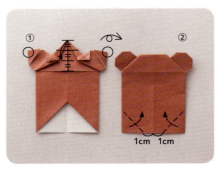

5 ①耳の先を少し折り、上部を三等分で折る ②中心線から1cmずつあけたところで折り上げる

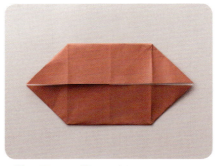

1 48体の2まで折った図

5 折ったしっぽは、中割り折りにする

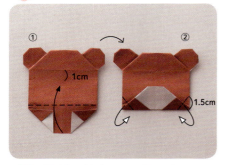

6 ①折り線より1cm下のところに合わせて折り上げる ②角を1.5cmずつ後ろへ折る

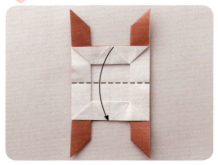

2 31かめの体の2までと同様に折り、図の角度に配置。その後半分に折る

6 出来上がり

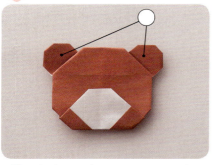

7 出来上がり。両耳には丸いシール（白をうす橙色に着色・15mm）を貼る

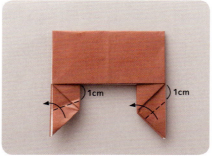

3 足を1cm残して、斜めに折る。反対側も同様

48 くまの体

25cm角（茶）1枚
※25cm角前後のサイズであれば可

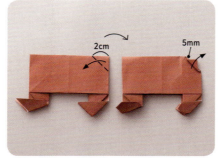

4 足先と後ろ足を折り、しっぽは2cm折ってから5mm残して折り上げる

49 彦星の衣装

メイン：1/2サイズ（青）1枚
帯：1/4サイズを横1cmで切る（黄）1枚

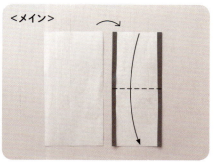

① 両端を5mmずつ折り、さらに半分に折る

50 星

1/4サイズ（黄もしくは白）1枚

④ 折り返した際に左右が同じ長さになるように、位置を調節する

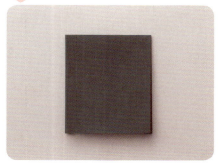

② これを足のつけ根に合わせて貼る

① 19 きじの体の②まで折り、図のように折る

⑤ 左側も同様に折る

③ 腰の位置に貼る。2体の⑪襟元を貼り、出来上がり

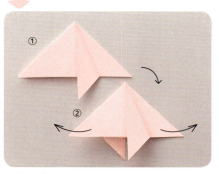

② ①裏側も同様に折る
②矢印のところを持ち、外側にゆっくり引っ張る

⑥ 出来上がり

③ 図の形になった後、角を合わせるように折る

51 小さい頃のかぐや姫の着物

3/4サイズ（赤）1枚

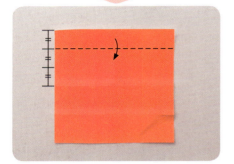

① 中心線に向かって下部から二等分の折りすじをつけ、上部からは中心線までの間を三等分して折る

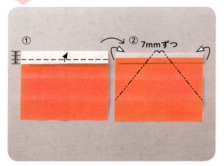

② ①さらに三等分して折り上げる ②白い部分を桃色に塗る。中心線より7mmずつ間をあけて、後ろ側に斜めに折る

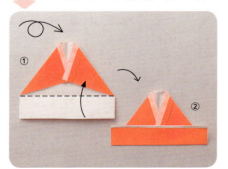

③ ①裏返して、左前で襟を合わせる。折りすじで折り上げる ②折った端を3mmくらい細く手前に折り、金色に塗る

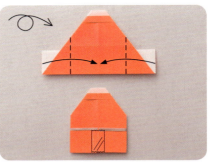

④ 中心線まで折り、テープで留める

⑤ 出来上がり

52 着物＜上＞

＜一寸法師・青年（大きくなった一寸法師）・姫（一寸法師）・かぐや姫・女雛＞

15cm角（好きな色）1枚
※一寸法師：3/4サイズ（水）1枚

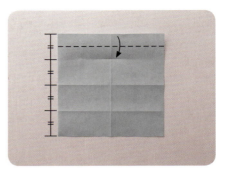

① 折りすじのところで折る

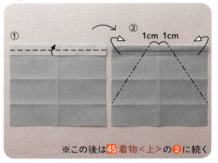

② ①白い部分がギリギリ見えるくらいの位置に折り上げる ②中心線から1cmずつあけたところから、斜めに折る

※この後は 45 着物＜上＞の ② に続く

53 かぐや姫の着物＜下＞

15cm角（52 着物＜上＞と同じ色）1枚

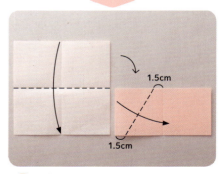

① 半分に折り、さらに斜めに折って前で合わせる

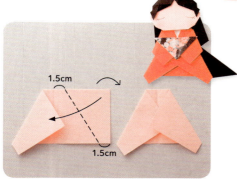

② 出来上がり。これを52 着物〈上〉の隙間に差し込む

① 等分して軽くしるしをつけ、図のように折る

⑤ 下部は図の位置で折り上げる

54 月

15cm角（黄）1枚

中心に向かって4つの角を折り、三等分の位置で折り、裏返す

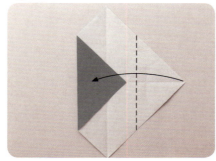

② 反対側も同様

⑥ 組み合わせて下の竹を作る

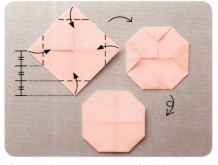

③ 下部の角を中心に向けて折った後、一度開いて左右の重なりの下に入れる。これを2つ作る

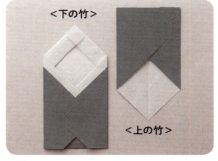

⑦ 出来上がり

55 竹

外側：15cm角（緑）2枚
内側：15cm角（うす緑）1枚

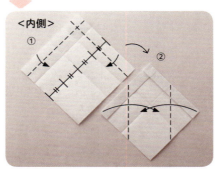

④ ①四等分の折り線に合わせて折る ②左右ともに中心線に合わせて折る

56 地蔵

本体：15cm角（灰）1枚
よだれかけ：1/16サイズ（赤）1枚

1 中心まで左右の角を折ってから、さらに中心線まで折る

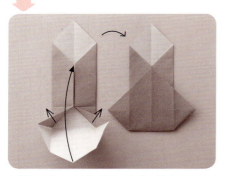

2 横の中心線に合わせるように開き、折り上げる

3 図のように折り進める

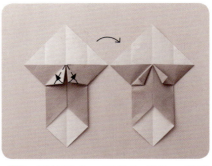

4 折り線まで半分に折り、折りすじをつける

5 指を入れて膨らませ、6の図になるよう、押さえるように折る

6 それぞれの角を折る

7 耳は少し残して折り戻す。先は少し折る

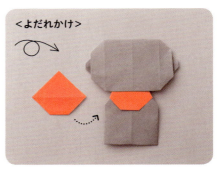

<よだれかけ>

8 角ひとつを中心まで後ろに折り、顔の下に差し込んで肩のところで後ろに折る

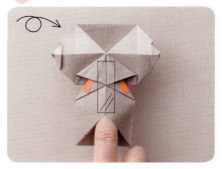

9 テープで留めて、出来上がり

57 笠とほっかむり

笠：15cm角を半分に切った三角形（黄土）1枚
ほっかむり：15cm角（藍）1枚

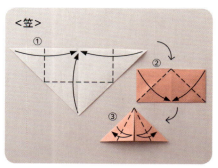

1 ③で、裏まで笠のすじをしっかりつける

5 出来上がり

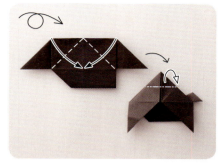

3 中心線に合わせるように折り、上部の三角形は後ろへ半分折る

2 出来上がり

58 村人（男）の頭髪

15cm角（黒）1枚

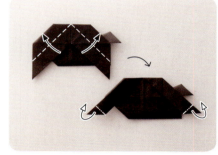

4 髪の幅で半分に折り、角は後ろへ折る

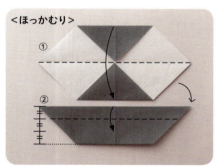

3 ①上下を中心まで折り、半分に折る ②三等分のところで折る

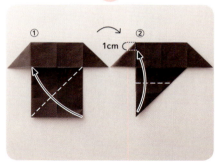

1 3 頭髪の❷より。①斜めに三角形に折る ②1cmあけたところへ、角を合わせて折る

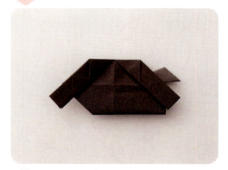

5 出来上がり

4 ★と★が合うように、斜めに折る。左右と下部の角も折る

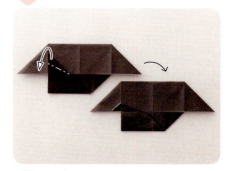

2 三角形の先を折る

59 女の子の顔

髪：15cm角（黒）1枚
顔：1/8サイズ（うす橙）1枚

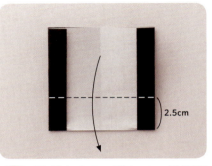
④ 下部を2.5cm残して、折り下げる

① 図のように折りすじをつけ、三等分で2回ずつ折る

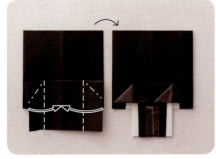
⑤ 中心線に向かって折り、ついてくる部分を三角形につぶす

② 図のように、さらに内側に折る

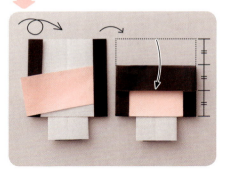
⑥ 裏返して、顔を差し込む。前髪は三等分で折り下げる

③ 裏返して、半分に折り上げる

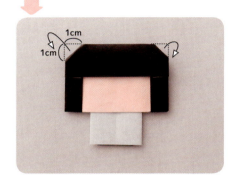
⑦ 髪の角を1cmずつ後ろに折って、出来上がり

60 くま・ねずみの顔

くま：15cm角（茶）1枚
ねずみ：7/8サイズ（水）1枚

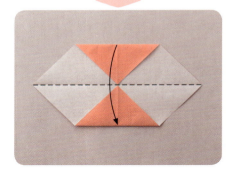
① 上下を中心まで折り、半分に折る

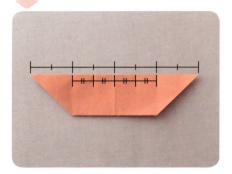
② 等分して軽くしるしをつける

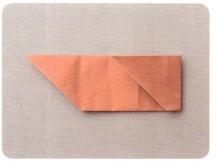

③ 左右とも中心線の1本隣のしるしに合わせて折る

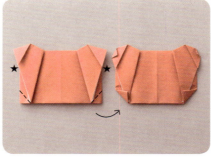

⑦ 耳を★のところに合わせて折り、あごと耳の角を折る

62 体
<くま・うさぎ・りす・ねずみ>

くま・うさぎ：15cm角（キャラクターに合わせた色）各1枚、
りす・ねずみ：7/8サイズ（キャラクターに合わせた色）各1枚

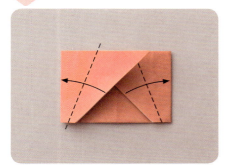

④ 折った部分を両端まで折る

⑧ 出来上がり

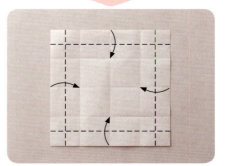

① 折りすじに合わせて折る

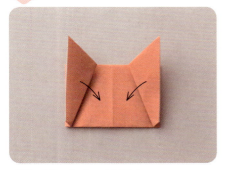

⑤ 折ったら一度戻す

61 うさぎの顔

15cm角（ベージュ）1枚

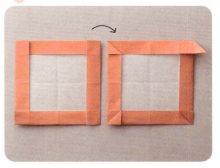

② 重なっている角に折りすじをつけて引き出し、三角形につぶす

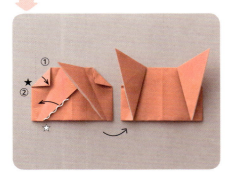

⑥ ①角を折りすじまで折る
②☆を支点に、〰〰線を★に合わせるように折り直す（左右ともに）

60 くま・ねずみの顔の⑥より、耳の内側を斜めに折り、耳の先を1cm折る。頬の下と耳の角を折る

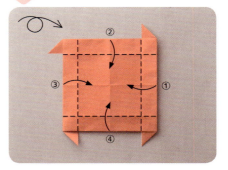

③ ①から④の順で内側へ折る

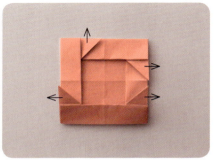

4 角を摘んで引き出し、つぶす

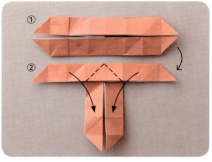

8 ①反対側も折って引き出す
②上下とも図のように重なるよう、折り下げる

1 下部を中心線まで折ってから斜めに折る

5 図のように置く

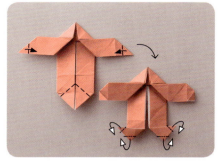

9 手を広げて横に出すように折り、手足の先を折る（手先は中割り折り）

2 中心線と合わせるように折る

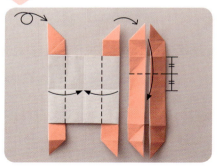

6 中心線まで折り、上部を折り下げる

10 出来上がり
※この状態が正面向き

3 出来上がり。
※両端を内側へ折るアレンジも可能

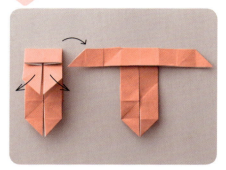

7 角を引き出す

63 洋服
<くま・うさぎ・りす・ねずみ>
くま・うさぎ：
1/4サイズ（好きな色）各1枚、
りす・ねずみ：
7/8サイズを1/4サイズに切る
（好きな色）各1枚

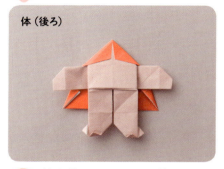

体（後ろ）

4 体を後ろにして服に差し込み、糊で貼る

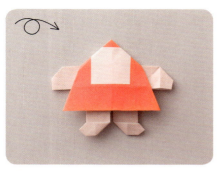

5 アレンジとして、胸元にはカットした別紙を貼る

8 指を入れるところを糊づけしないように注意

3 洋服を着せた体に差し込む。図のように、角を折るアレンジも可能

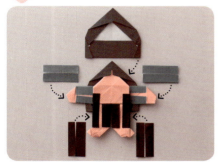

6 長袖・長ズボンは1/16サイズを挟むようにして貼ってから服をかぶせる。

64 洋服の襟
<くま・りす>

くま：1/4サイズ（白など）1枚
（りす：7/8サイズを1/4サイズに切る）

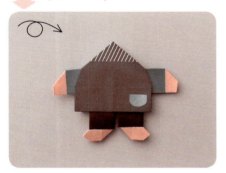

7 斜線部分に糊をつけ、顔に差し込んで貼りつける

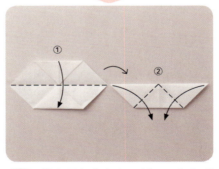

1 ①上下を中心まで折ってから半分に折る
②斜めに折り下げる

2 後ろに折る

65 マフラー
<くま・うさぎ>

1/4サイズ（赤など）1枚

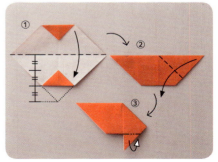

1 ①三等分のところで折り、半分に折る ②谷折り ③出ている部分を中に折り込む

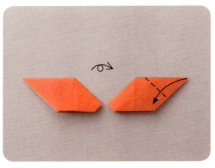

② 裏返して図のように折る

② さらに折り上げる

帽子は出っぱっているところを引っ掛けるようにかぶせる

③ 端に、ポンポン用の丸いシール（白・9mm）を貼る

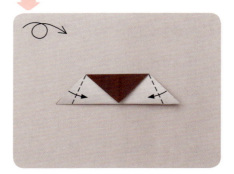

③ 内側に折る

67
りすの顔としっぽ

顔：7/8サイズ（うす茶）1枚
しっぽ：7/8サイズの1/4（うす茶）1枚

66
帽子
<くま・うさぎ>

1/4サイズ（青など）1枚

④ 図のように折る

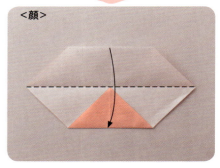

<顔>

① 中心まで下部を谷折り、上部を山折りで後ろへ折り、半分に折る

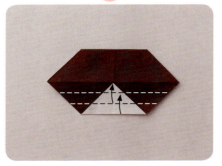

① 中心まで下部は谷折り、上部は山折りで後ろに折る。三等分で2回折り上げる

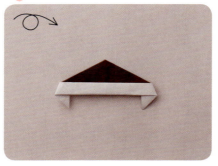

⑤ 出来上がり

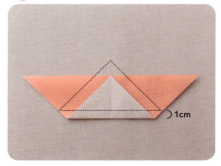

② 白い三角形を上に1cmずらすように折る

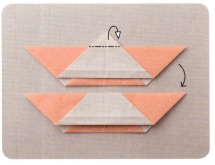

③ ずらしたら上に飛び出た三角形を後ろへ折る。この後 60 くま・ねずみの顔 ❷〜❻ と同じ

④ 耳の内側を斜めに折り、耳の先を三角形に折り、耳の角とあごの角を折る

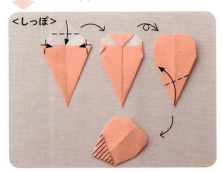

⑤ 中心線に合わせて折り、折り進める。斜線の部分に糊をつけて、体に貼る

ここは茶色で塗る
しっぽの模様をつける

68 ひよこ

15cm角（黄）1枚

① ❸ 頭髪の ❷ より

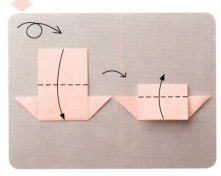

② 半分に折り羽のラインのところで折り上げる

③ 図のようになる

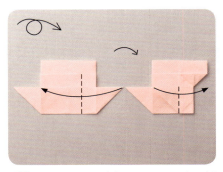

④ 図のように折り、ついてくる部分を三角形につぶし、羽の部分だけ折り戻す

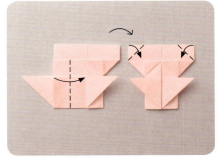

⑤ 左側も同様に折り、角を折る

⑥ 角を折り、下部を左右に開く

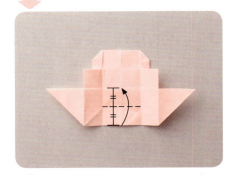

⑦ 図のように、中心部分を半分に折る

73

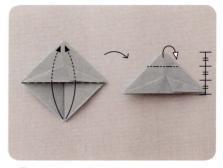

69 ひよこの帽子

1/4 サイズ（桃など）1枚

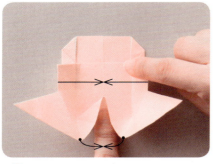

⑧ 下を押し上げたまま、左右を中心線に向かって閉じる。羽は、外側に折る

⑨ 羽に合わせるように折り上げ、半分に折る

① 中心に向かって下部は前へ、上部は後ろへ折り、半分に折る

④ 折り上げて内側に入れる

② 図のように折る

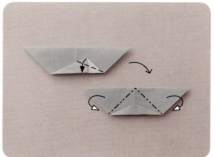

③ 後ろへ三角形に折る

⑩ 内側に倒すように折る

⑪ 出来上がり

羽は山吹色、足は茶色に塗る

出来上がり

70 ねずみのしっぽ

1/8 サイズの縦半分（水）1枚

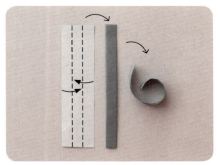

三等分して折り、丸みをつける

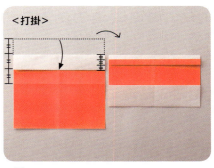

<打掛>

2 三等分のところで折り、その1/3を折り上げる。下部は中心線まで折り上げる

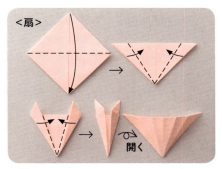

<扇>

1 中心に向かって4つの角を折り、図のように折る

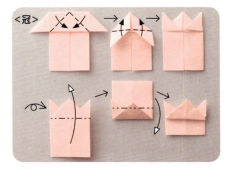

<冠>

1 **3**頭髪の**3**まで折り、図のように折って、頭に挟む

3 ❶に打掛を重ねて折る

4 出来上がり

着物は好きな色同士を裏合わせにして使用しても素敵です

71
女雛の着物

メイン：15cm角（両面折り紙）1枚
打掛：15cm角（赤）1枚

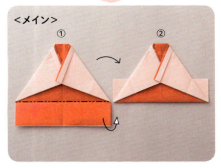

<メイン>

1 ①両面折り紙で、**52**着物〈上〉の❷まで折る ②裾は後ろへ折る

72
扇と冠

1/4サイズ（金）2枚

73 男雛の着物

15cm角（深紫）2枚

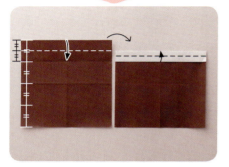

① 四等分の折りすじまで折り、折った白い部分を半分に折り上げる

② 図のようになる

③ 中心線に向かって折る

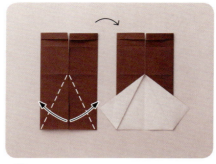

④ 斜めに折り開く

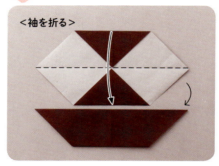

<袖を折る>
⑤ 袖は、上下を中心まで折って半分に折る

⑥ ④の上に⑤の袖を合わせて貼り、折り上げる

⑦ ★の角が外側のラインに合うように折り下げる

⑧ 図のようになる

⑨ 前で軽く合わさるように折る

⑩ 出来上がり

74 男雛の頭と冠

15cm角（黒）1枚

① 中心線に向かって左右から折る

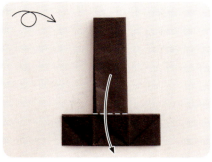

⑤ 裏返して折り線で折り下げる

⑨ 出来上がり

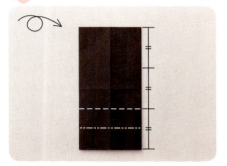

② 図のように折る

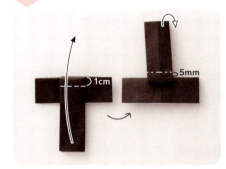

⑥ 1cm残して折り上げ、その後5mm残して後ろに折る

75

笏（しゃく）

1/4サイズ（金）1枚

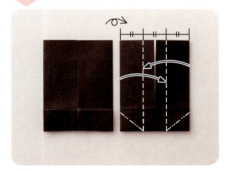

③ 裏返して三等分で折り、ついてくる部分を三角形につぶす

⑦ さらに5mmのところで折り上げる ※特に⑥と⑦は、糊などで留めると折りやすい

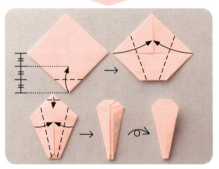

中心に向かって4つの角を折り、図のように折り進めて出来上がり

④ 図のように折る

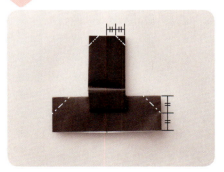

⑧ 角を後ろへ折る

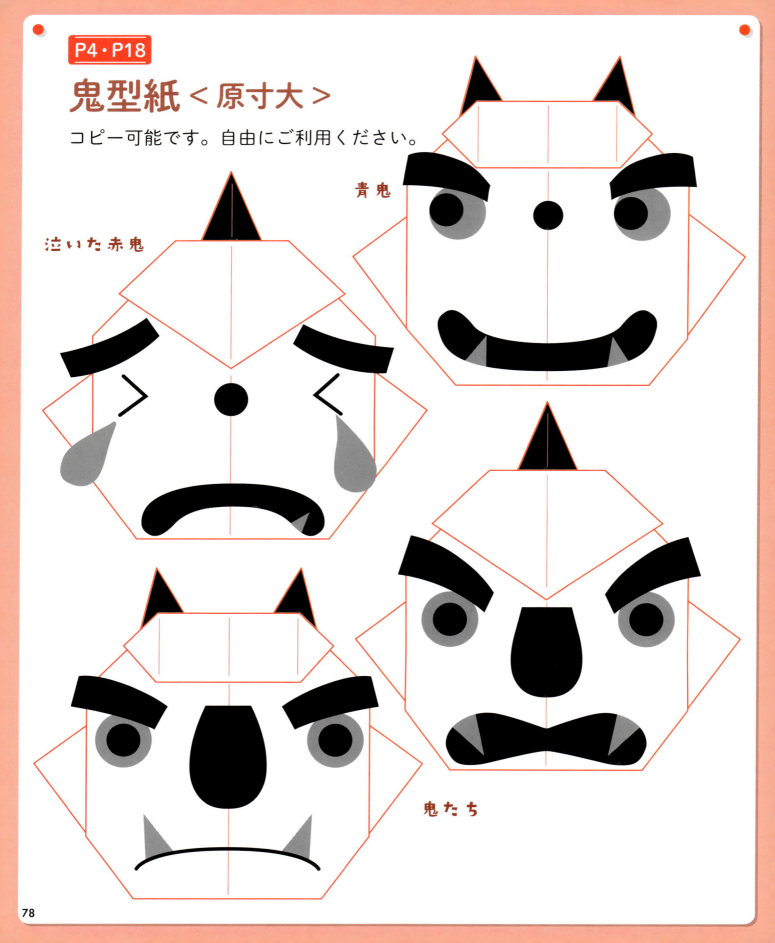

P20-23
千金美穂
キャラクター型紙
＜原寸大＞

コピー可能です。自由にご利用ください。

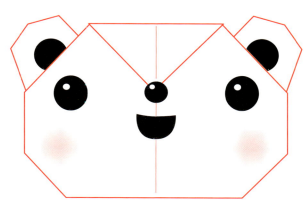
りす

うさぎ

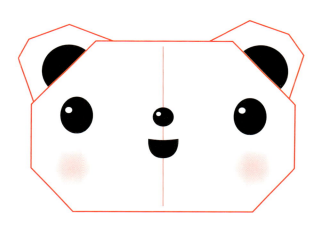
ねずみ

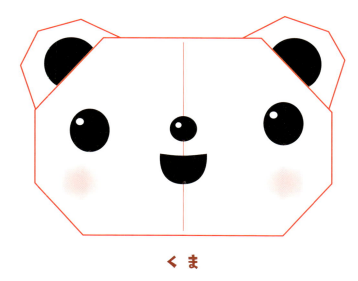
くま

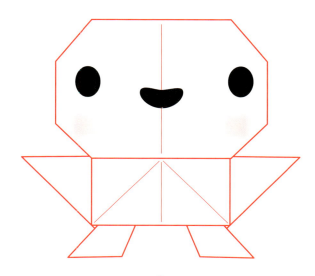
ひよこ

著者紹介

いしばし なおこ

千葉県柏市在住。幼少期から絵を描くことが大好きで、保育の仕事や自身の子育てを通じてキャラクターの折り紙と出会う。もともとキャラクターものが好きなため折り紙で表現することに夢中になり、次々作品を考案するようになる。またキャラクターだけではなく、さまざまな題材を折り紙で"可愛らしく"表現することを研究中！
『ディズニーツムツム ちょこっとメモ折り紙あそび』『スター・ウォーズ メモ折り紙』『いしばしなおこの きせかえ折り紙あそび』（すべてブティック社刊）など著書多数。

折り紙プラン・制作
いしばし なおこ

千金美穂キャラクター原案
千金美穂

アレンジ作品制作	おがわ ようこ
表紙・本文デザイン	有限会社 ハートウッドカンパニー
撮影	株式会社 グラン
校正	株式会社 円水社
企画・編集	多賀野浩子・調 美季子

遊べる！飾れる！折り紙で作る おはなし指人形

発行日	2017年3月25日　初版第1刷発行
著者	いしばし なおこ
発行者	髙林 祐志
発　行	株式会社 世界文化社
	〒102-8187　東京都千代田区九段北 4-2-29
電　話	03（3262）5615（保育商品開発部）※内容についてのお問い合わせ
	03（3262）5115（販売業務部）※在庫についてのお問い合わせ
印刷・製本	図書印刷株式会社
DTP制作	株式会社 明昌堂

©Naoko Ishibashi,Sekaibunka-sha,2017.
　Printed in Japan
ISBN 978-4-418-17801-8
無断転載・複写を禁じます。
定価はカバーに表示してあります。
落丁・乱丁のある場合はお取り替えいたします。